LUIZ TATIT

REVISÃO DOS CEM ANOS DE CANÇÃO BRASILEIRA

CADERNOS ULTRAMARES

ORGANIZAÇÃO E PROJETO GRÁFICO

Marcos Lacerda, Ana Paula Simonaci e Sergio Cohn

CONSELHO EDITORIAL

André Botelho

Bernardo Esteves

Boaventura de Souza Santos

Evelyn Goyannes Dill Orrico

Fréderic Vanderberghe

José Luis Garcia

Maria João Cantinho

Renato Rezende

Teresa Arijón

Vagner Amaro

ISBN 9786586962609

azougue press |
coordenação geral Sergio Cohn
coordenação editorial
Sergio Cohn — Darien Lamen — Cristián Jiménez Plaza
Brasil | CNPJ 12.272.339/0001-26
Portugal | Oca Editorial NF 515805394
USA | E. Id. 803650511
Chile | Tucán Ediciones RUT 77.369.106-1

A proposta dos Cadernos Ultramares é transpor fronteiras. Não apenas geográficas, com a edição de um amplo panorama do pensamento brasileiro para o público português, mas também entre as áreas do saber, criando uma coleção transdisciplinar, acessível não apenas para leitores especializado, pesquisadores e acadêmicos, como para interessados em geral.

Para isto, os Cadernos Ultramares privilegiam a leveza do ensaio, a "brigada ligeira", utilizando-se de um gênero marcado pela abertura e experimentação, uma forma privilegiada para a proposição e a apresentação de interpretações da cultura e da sociedade. Nos últimos anos, o gênero ensaio tem sido revalorizado como um importante meio de diálogo entre a pesquisa acadêmica e a sociedade.

O Brasil possui uma produção riquíssima de pensamento em diversas áreas, que vão da física à antropologia, da matemática às artes. Os Cadernos Ultramares, ao trazerem importantes textos de alguns dos nossos mais renomados pensadores, sejam clássicos ou contemporâneos, busca possibilitar ao leitor um olhar amplo e qualificado sobre essa produção.

Interessa-nos a constituição de um diálogo entre áreas, de uma conversa aberta que escape das armadilhas do pensamento especializado e do produtivismo acadêmico. Interessa, antes de tudo, a valorização do encontro do leitor com o sabor do texto, do prazer da leitura e da troca livre de pensamento.

apresentação

POR MARCOS LACERDA

Luiz Tatit é um dos mais representativos artistas da canção brasileira, associado à vanguarda paulista, grupo heterogêneo de artistas que atuou a partir do final da década de 1970 em São Paulo, com a participação de nomes como Arrigo Barnabé, Itamar Assumpção e Ná Ozzetti, por exemplo. Pouca coisa que aconteceu posteriormente na canção brasileira se equivale ao nível de inventividade destes artistas, com a exceção talvez de acontecimentos estéticos profundos como o rap nacional, em especial na obra maior do Racionais MCs. Ou em exemplos singulares, como o da estética do frio de Vitor Ramil.

Tatit criou junto com a cantora Ná Ozzetti, entre outros, o grupo Rumo. Depois seguiu carreira solo, já nos anos 1990, com álbuns como *Felicidade* (1997), *O meio* (2000), *Ouvidos uni-vos* (2005), *Rodopio* (2007), *Sem destino* (2010), *Palavras e sonhos* (2016), além de álbuns espetaculares em parceria com Arrigo Barnabé e Lívia Nestróvski, como no caso de *De nada mais a algo além* (2013). Além de atuar como cancionista, Tatit é dos mais experimentados teóricos e linguistas do país, com vasta produção bibliográfica, com livros como *Musicando a semiótica* (1997), *Análise semiótica através das letras* (2001) ou *Semiótica à luz de Guimarães Rosa* (2010).

Mais do que isso, sua obra pode ser considerada o primeiro esforço de peso, com resultados duradouros e até hoje sem precedentes, de construir uma teoria própria da canção, em todos os aspectos singular no âmbito da produção crítica em canção popular. Daí o conjunto de livros que colocam a canção no centro da sua produção crítica, tais como *A canção, eficácia e encanto* (1986), *Semiótica da canção: melodia e letra* (1994), *O cancionista: composições de canções no Brasil* (1996), *O século da canção* (2004), *Todos entoam* (2014) e *"Estimar canções: estimativas íntimas na formação de sentido* (2016).

Para entendermos melhor o seu lugar no âmbito da produção crítica em canção popular no Brasil, vejamos os casos de alguns nomes expressivos da crítica em canção, com suas abordagens não menos específicas. Podemos mencionar aqui José Ramos Tinhorão, José Miguel Wisnik, Hermano Vianna e no caso mais próximo do jornalismo cultural de cunho biográfico, Ruy Castro, Zuza Homem de Mello e Jairo Severiano.

Em *História social da música popular brasileira* (1998), o jornalista, pesquisador e crítico musical José Ramos Tinhorão faz uma análise histórica da gênese da música popular brasileira, como linguagem artística associada a um processo histórico, político e econômico específico, relacionado, por sua vez, ao surgimento do capitalismo como modo de produção e como forma de organização da política, através de uma sociedade de classes. A cultura, neste sentido, também é uma cultura de classes. A relação entre processo social e construção da cultura é fundamental para entender a sua análise.

Já o crítico, ensaísta e compositor José Miguel Wisnik apresenta, como base de fundamentação teórica da sua crítica da música popular, uma outra perspectiva, envolvendo um diálogo profundo com a filosofia, a teoria da arte e a alta literatura, como podemos ver no caso das obras *O som e o sentido: uma outra história das músicas* (1999), *Sem receita: Ensaios e canções* (2004) e *Machado Maxixe: o caso Pestana* (2008), entre outros ensaios, artigos e palestras. No ensaio "A Gaia Ciência: literatura e música popular no Brasil", ele constrói um verdadeiro pensamento sobre a canção, com viés poético, ensaístico e filosófico, como vimos em publicação dessa mesma coleção Cadernos Ultramares.

A perspectiva ensaística de cunho filosófico e a sociologia de cunho marxista fundamentam, assim, a forma de análise de dois dos nossos principais críticos em música popular no Brasil. Poderíamos ainda mencionar um terceiro exemplo para estender nossa análise e chegar até Luiz Tatit: o antropólogo Hermano Vianna, autor de obras como *O mistério do samba* (1995) e *O mundo funk carioca* (1989). Em sua obra, o fundamento da análise está baseado na perspectiva antropológica da noção de Cultura, como forma de entendimento do fenômeno da música popular no Brasil. Em *O mistério do samba*, por exemplo, o antropólogo se utiliza dos conceitos de um gama variada de autores para pensar a singularidade e a semelhança do processo de nacionalização de um gênero musical no Brasil: o samba, com o tema da mestiçagem. A sua análise crítica da música popular é fundamentada por um quadro de referência teórico específico, associado às ciências sociais em geral e à antropologia cultural, em particular. O tema mesmo do livro associa a noção de mestiço em Gilberto Freyre e a criação cultural do samba como gênero musical de dimensão nacional e, por óbvio, a complexidade e os paradoxos dessa relação.

Também podemos lembrar, por fim, alguns dos nossos autores mais associados à pesquisa histórica dentro de uma perspectiva jornalística. Trata-se de uma das principais formas de produção em crítica de música popular, tanto no âmbito biográfico, quanto no âmbito dos movimentos culturais. É o caso de autores renomados como Ruy Castro, Sérgio Cabral, João Máximo e, entre os mais novos, Rodrigo Faour. Nos dois volumes do livro *Canção no tempo*, de Zuza Homem de Mello e Jairo Severiano, lançados nos anos de 1997 e 1998 respectivamente, o esforço de pesquisa histórica realizado descreve detalhadamente o contexto de feitura da música popular brasileira em diferentes épocas, com o uso da crônica jornalística como método de escrita. No primeiro volume foram selecionadas 1083 composições, entre os anos de 1901 a 1957. Dessas composições, 267 foram comentadas. Os comentários se basearam num longo trabalho de pesquisa em acervo e de entrevistas com alguns dos autores. O livro é dividido por épocas, cada uma contando com introdução que contextualiza o período. Por exemplo, o período que vai de 1901 a 1916, apresentando os gêneros de canção (valsa, modinha, cançoneta, chótis, polca), a formação instrumental (predileção pelo piano), a influência estrangeira (europeia e principalmente francesa) e, por fim, as mudanças tecnológicas (o advento do disco).

Ruy Castro, em seus principais livros, usa de uma estrutura de escrita que mescla contexto cultural, social e histórico, com pesquisa intensiva sobre as canções, os artistas em geral (compositores, cantores, instrumentistas), os suportes de gravação e difusão (gravadores, discos, 78 rotações, boates, espaços musicais), mesclando, em linguagem mais ligeira e elegante, memória pessoal, construção ficcional e descrição histórica, com enumeração de artistas e músicos instrumentistas com fôlego enciclopédico, como podemos ver, por exemplo, no livro *A noite do meu bem: a história e as histórias do samba-canção* (2015).

Assim à filosofia e à teoria da arte, no caso de Wisnik, e à sociologia e história de cunho marxista, no caso de Tinhorão, podemos incluir as perspectivas antropológica, em Vianna e a pesquisa histórica do jornalismo literário de Mello, Severiano e Castro.

Algo diferente acontece em relação a Luiz Tatit, cuja abordagem se relaciona mais a uma perspectiva analítico-formal, com formação densa em linguística. Tatit se utiliza do arcabouço teórico de autores relacionados à linguística e à semiótica, em especial Sausurre, Jakobson, Hjelmslev, Benveniste e Greimas, para construir uma verdadeira teoria da canção, com seus próprios conceitos, quadros de referência e método de análise, a dividindo em três formas: temática, passional e figurativa (TATIT, 2007, p. 70-71). Na primeira parte do livro *Todos entoam* (2014) o autor relaciona a sua história pessoal como compositor com a sua história como acadêmico, nela realçada o estudo da linguística e da semiótica: "Nessa ocasião, foi-me especialmente útil a noção de tonema, magistralmente desenvolvida no âmbito linguístico por Navarro Tomás, como um dispositivo capaz de revelar intenções enunciativas do sujeito pela direção final da frase melódica. Lembro-me de ter aplicado esse conceito na descrição dos contornos produzidos por Paulinho da Viola em sua composição 'Sinal fechado' e de ter revelado a surpreendente identidade entre as terminações melódicas ascendentes ou suspensivas (aquelas que permanecem no mesmo tom), que definiam praticamente todos os tonemas da canção, e a situação tensa de espera do sinal verde, na qual os personagens dão início a conversas que não podem ser concluídas" (TATIT, 2014, p. 46-47).

Para a coleção Cadernos Ultramares foi selecionado como texto principal o ensaio "Revisão dos cem anos da canção brasileira", publicado originalmente na Revista do Patrimônio Histórico e Artístico Nacional em 2001, onde Luiz Tatit traz uma trajetória crítica da canção no Brasil, apresentando alguns dos seus principais temas teóricos e passando pelos cancionistas, pela Bossa Nova e pela Tropicália. Para completar o volume, reproduzimos também o ensaio "A arte de compor canções", publicado originalmente na Revista USP em 2016, e que trata, com fôlego, de um tema caro ao autor: o processo criativo do cancionista.

Revisão dos cem anos de canção brasileira

ENTRADA NO SÉCULO

A prática musical brasileira sempre esteve associada à mobilização melódica e rítmica de palavras, de frases e de pequenas narrativas ou cenas cotidianas. Trata-se de uma espécie de oralidade musical em que o sentido só se completa quando as formas sonoras se mesclam às formas linguísticas, inaugurando o chamado gesto cancional. Tudo ocorre como se as grandes elaborações musicais estivessem constantemente instruindo um modo de dizer que, em última instância, espera por um conteúdo a ser dito. Essa espera pode ser muito breve, quando o próprio compositor já se encarrega também da criação dos versos ou a encomenda a um parceiro próximo, pode prolongar-se por dez anos — como aconteceu com "Carinhoso", a melodia de Pixinguinha que teve seu ciclo de música instrumental até se completar na letra de João de Barro, por sessenta anos — como o choro "Odeon", de Ernesto Nazareth, composto em 1908 e que ganhou letra da Vinicius de Moraes em 1968, ou por um tempo indeterminado, como parece ser o caso de quase todo o repertório musical brasileiro que ainda não se converteu em canção.

Isso não significa que não haja no país uma tradição eminentemente musical, empenhada em desenvolver recursos que independam de qualquer gênero de oralidade musical do resto do mundo, pelo menos pela quantidade, pouco expressiva se confrontarmos com os números exibidos na área da canção. Por isso, preferimos nos ater ao âmbito que se vem revelando mais fecundo e, consequentemente, mais promissor para uma entrada de milênio.

A canção brasileira, na forma como a conhecemos hoje, surgiu com o século XX e veio ao encontro do anseio de um vasto setor da população que sempre se caracterizou por desenvolver práticas ágrafas. Chegou como se fosse simplesmente um outro modo de falar dos mesmos assuntos do dia-a-dia, com uma única diferença: as coisas ditas poderiam então ser reditas quase do mesmo jeito e até conservadas para a posteridade. O fato de a canção chegar junto com a possibilidade de seu registro técnico não é mera coincidência, afinal ela constitui a porção da fala que merece ser gravada.

Entre o lundu, de origem fincada nos batuques e nas danças que os negros trouxeram da África e desenvolveram no país, e a modinha, cujo caráter melódico evocava trechos de operetas europeias, um gênero apontando para os terreiros e o outro para os salões do século XIX — mas ambos já impregnados de sensualidade híbrida que, muitas vezes, os tornavam indistintos —, configura-se a canção do século XX, a essa altura apontando também para um terceiro elemento que se tornaria vital à sua identidade: a letra. Não tanto a letra-poema, típica das modinhas, ou a letra cômico-maliciosa dos lundus, mas a letra do falante nativo, aquela que já nasce acompanhada pela entoação (melodia) correspondente. Sem nunca deixar de lado o lirismo ou mesmo a comicidade que já reinavam no período oitocentista, a nova letra, que só se consolidou nos anos 1920 com Sinhô, substituiu o compromisso poético pelo compromisso com a própria melodia, ou seja, o importante passou a ser a adequação entre o que era tido e a maneira (entoativa) de dizer, bem mais que o valor intrínseco da letra como poema escrito ou declamado.

Justamente por não ser nem demasiadamente percussiva, nem demasiadamente *musical* — (como

o chorinho, por exemplo, que se nutria de requintadas sutilezas instrumentais) — essa nova canção ganhou a concorrência para as primeiras gravações. Dos
batuques emanava um volume de som incompatível
com os parcos recursos de gravação implantados pelos primeiros grupos fonógrafos que aportaram ao Rio
de Janeiro. De outra parte, os mestre do chorinho e
de outros gêneros de música escrita não viam razão
para trocar sua forma precisa de registro em partitura
pelos meios fonomecânicos rudimentares que jamais
expressariam todos os matizes musicais de suas composições. As canções, ao contrário, por estarem baseadas numa oralidade de natureza instável (sabe-se
que a entoação da fala tende a desaparecer assim que
a mensagem do texto é transmitida), precisavam da
gravação até como recurso de fixação das obras que,
até então, quando não se perdiam nas rodas de brincadeira, passavam a depender exclusivamente da boa
memória de seus praticantes.

Assim, ao convidar cantores de música popular,
como Cadete e Baiano, para testar a nova tecnologia
de registro sonoro, o pioneiro Frederico Figner não
sabia que, para solucionar o problema prático de inserção de um produto no mercado, estava consagrando definitivamente a oralidade brasileira. Realmente,
a partir desse instante, jamais se interrompeu o fluxo

de criação e perpetuação das formas cantáveis da fala, gerando no Brasil uma das tradições cancionais mais sólidas do planeta.

Há um fenômeno recorrente na história da canção brasileira que chama a atenção dos pesquisadores que empreendem seus estudos pelo viés musical. Por mais que os ambientes sonoros, nos quais surgiram as melhores obras do repertório nacional, tenham sido marcados pela presença de músicos competentes, maestros arranjadores ou instrumentistas notáveis, é impossível deixar de verificar que, em todas as épocas, houve figuras centrais de artistas, amplamente reconhecidas como compositores ou letristas de sucesso, que no entanto exibiam pouca intimidade com a linguagem musical.

Evidente que quase todos dispunham de boa musicalidade, no sentido de reter melodias na memória, reproduzir ritmos percussivos, tocar instrumentos de ouvido, mas isso não significa que conseguissem traduzir intelectualmente o que eles próprios realizavam. As chamadas divisões de compasso, a concepção harmônica, a orquestração e, afinal de contas, a partitura escrita sempre ficavam a cargo de especialistas que, por sua vez, embora fosse mestres em estabelecer essas conversões e em corrigir soluções mal-formadas, não ousavam substituir os *despreparados* artistas na fase da criação. Os músicos conhecedores da tradição escrita, mas que tiravam o seu sustento de atividades na faixa popular, sempre devotaram especial respeito aos compositores que sabiam aliar melodias e letras independentemente de seu nível de formação musical.

Isso configura um sintoma precioso para calibrar os critérios de avaliação dessa produção popular. As melodias estão adequadas às letras, em primeiro lugar, se há uma base entoativa assegurando a eficácia das inflexões. De maneira geral, as melodias de canção mimetizam as entoações da fala, justamente para manter o efeito de que cantar é também dizer algo, só que de um modo especial. Os compositores baseiam-se na própria experiência como falantes de uma língua materna para selecionar os contornos compatíveis com o conteúdo do texto. Tal princípio entoativo é, ao mesmo tempo, simples e complexo.

É simples porque o foco de sentido de uma curva entoativa concentra-se sobretudo em sua finalização, ou seja, nas inflexões que antecedem as pausas parciais ou o silêncio derradeiro. Essas inflexões, denominadas tonemas, podem ser descendentes, ascendentes ou suspensivas, estas quando sustentam a mesma altura. A descendência está cultural e tradicionalmente associada à conclusão de ideias. A distensão da curva indica, em princípio, não há nada a acrescentar. Evidente que, por contraste, as duas outras formas, ascendente e suspensiva, perfazem a tensão típica da continuidade: ou temos uma pergunta explícita ou implícita, ou temos a informação sub-reptícia de que o discurso deve prosseguir, ou ainda temos o indício de que algo ficou suspenso. Ao adotar espontaneamente esses fonemas da fala cotidiana, fazendo-os coincidir — também espontaneamente — com os momentos afirmativos, continuativos e suspensivos da letra, o compositor já responde por uma compatibilidade natural entre os dois componentes da canção e já determina um primeiro grau de cumplicidade com o ouvinte que reconhece, em geral também sem ter consciência, os recursos típicos de sua língua materna.

Mas esse princípio entoativo também tem uma dimensão mais complexa. Além do paralelismo já mencionado entre frases ou versos e suas respectivas entoações, que permanece de fundo em toda e qualquer canção, há encaminhamentos melódicos de largo alcance que expandem as enunciações para ascendências ou descendências distantes, de maneira que os segmentos parciais passam a ser definidos também pela direção extensa com a qual estão comprometidos. E, durante o percurso melódico, outros recursos vão sendo ativados, prestigiando ora a configuração rítmica, ora a orientação melódica. No primeiro caso, temos a forma concentrada de composição: a elaboração musical tende para a construção de temas e de refrãos (como marchinhas de carnaval, música axé e toda sorte de canções dançantes). No segundo, temos a forma expandida em que os motivos melódicos tendem a se diluir em favor das trajetórias realçadas pela evolução mais lenta das notas musicais, como no caso dos boleros e das canções românticas em geral.

Os artesãos dessa forma de compor que tem por base — entre outras coisas, mas acima de tudo — o princípio entoativo são os *cancionistas*[1]. São os herdeiros de Cadete e de Baiano e ostentam como habilidade precípua a criação de melodias e letras fortemente compatibilizadas, sem que, para isso, disponham necessariamente de formação musical ou literária. Embora nada devessem à tradição escrita da música e da literatura, muitos cancionistas dos primeiros tempos, como Catulo da Paixão Cearense, Cândido das Neves, Heckel Tavares, Orestes Barbosa ou mesmo, nos anos

---

1 Tivemos oportunidade de definir detalhadamente essa noção em "O cancionista de canções no Brasil", São Paulo, Edusp, 1996.

1930, Ari Barroso, sentiam certo desgosto por não praticarem uma arte já suficientemente reconhecida pelos povos colonizadores. Isso transparece em melodias grandiosas ou em versos empolados produzidos por esses artistas, como que tentando dizer que os grandes conteúdos não podiam ser expressos por um formato tão singelo como o da canção. Ao mesmo tempo, defendiam a linguagem popular para o tratamento de assuntos cotidianos e, assim, acabavam por produzir uma obra desigual mas, nem por isso, menos importante para a consolidação da prática que se iniciara com o século XX.

Outros, como Noel Rosa, Ismael Silva, Wilson Batista, Lamartine Babo ou Assis Valente, jamais manifestaram qualquer indício de frustração com a militância cancional. Noel, por exemplo, dedicou inúmeras letras ao tema do *orgulho de ser sambista*, o que constituía um signo de altivez e de total segurança em relação ao poder de sedução da nova linguagem.

OS CANCIONISTAS

Os cancionistas firmaram-se de vez na década de 1930. A vasta produção desse período consagrou a entoação da linguagem oral como centro propulsor de todas as soluções melódicas que resultaram nos gêneros e estilos até hoje praticados[2]. Bem mais poderosa que os tradicionais recursos enunciativos de ancoragem na primeira pessoa, no *eu lírico*, a entoação atrela a letra ao próprio corpo físico do intérprete por intermédio da voz. Ela acusa a presença de um eu pleno sensível e cognitivo, conduzindo o conteúdo dos veros e inflete seus sentimentos como se pudesse traduzi-los em matéria sonora. De posse dessa força entoativa, e valendo-se do poder de difusão das ondas radiofônicas, os cancionistas se esmeraram em fazer dos intérpretes personagens definidos pela própria entoação. Ouvia-se então a voz do malandro, a voz do romântico, a voz do traído, a voz do embevecido, a voz do folião, todas revelando a intimidade, as conquistas ou o modo de ser do enunciador.

A partir desse princípio geral, foram se estabilizando os tipos de compatibilidade entre melodia e letra já mencionados anteriormente. Melodias que tendiam à contração, seja pelo andamento acelerado, seja pelas frequentes reiterações temáticas, serviam às letras de

---

2 Evidente que os próprios compositores e músicos de modo geral jamais tiveram consciência dessa matriz entoativa subjacente às canções. Seu uso era totalmente espontâneo e, em larga medida, camuflado pelos recursos musicais de fixação das obras. Trata-se, portanto, de uma constatação retrospectiva proveniente de um enfoque analítico.

celebração das uniões, das aquisições, enfim, dos estados de plenitude. "Chiquita Bacana" (João de Barro e Alberto Ribeiro), "Camisa listrada" (Assis Valente) e "Samba da minha terra" (Dorival Caymmi) são exemplos de canções, concentradas no refrão, cujas entoações cíclicas indicam identidade entre elementos melódicos, do mesmo modo que, na letra, os sujeitos aparecem em perfeita conjunção com os respectivos objetos de desejo.

Melodias que tendiam à expansão lenta de seu percurso no campo de tessitura, apontando para regiões sonoras mais distantes dos refrãos, pediam letras que, de algum modo, configuravam situações disjuntivas, de abandono, mas com horizontes de conjunção projetados tanto sobre o passado (saudades, lembranças, etc.), como sobre o futuro (esperanças, projetos, etc.). "O ébrio" (Vicente Celestino), "Pra machucar meu coração" (Ari Barroso) e "Lábios que beijei" (J. Cascata e Leonel Azevedo) contêm esse tipo de melodia que se desdobra vagarosamente em rotas evolutivas, descrevendo musicalmente as tensões disjuntivas (da perda ou da falta do objeto) responsáveis pelas emoções do sujeito no plano da letra.

Outras melodias ainda mantinham relativamente desativados seus recursos de concentração temática ou de expansão passional dos contornos para apresentar, *hic et nunc*, a voz do enunciador dizendo algo considerado oportuno. Com inflexões similares à da linguagem oral cotidiana, essas melodias geralmente conduziam *letras de situação*, aquelas que simulam que alguém está falando diretamente com alguém em tom de recado, de desafio, de saudação, de ironia, de lamentação, de revelação etc. "Palpite infeliz" ou "Até amanhã" (Noel Rosa), "Minha palhoça" (J. Cascata) e "Acertei no milhar" (Wilson Batista e Geraldo Pereira) são canções típicas desse estilo cancional, o mais próximo da raiz entoativa.

Percebendo a força enunciativa da canção popular no final da década de 1930, o Estado Novo de Getúlio Vargas chegou a encomendar aos compositores temas mais *edificantes* e, sobretudo, posturas mais disciplinadas e pedagógicas para os personagens gerados na instância do eu. Seria útil ao regime ditatorial recém-instalado que os influentes enunciadores da canção trocassem os temas da orgia, do amor e do samba pelo do trabalho e da vida regrada. Quanto ao samba, com as características examinadas acima, já estava de tal forma disseminado na vida do povo brasileiro que tentar substitui-lo por gêneros de música culta[3] seria um ato condenado ao fracasso.

3 Não obstante, o governo da época empreendeu uma imensa investida no sentido de implantar um programa de canto orfeônico

Embora contasse com a adesão, provavelmente interessada, de algumas poucos compositores populares, a empresa não pôde prosperar, pois, a longo prazo — e levada às últimas consequências —, abalaria a própria compatibilidade entre melodia e letra. Não é difícil forjar m tema e um comprometimento enunciativo na letra. O embaraço está em sustentar uma simulação melódica. Como já vimos, a entoação descreve, sem intermediação, o perfil do enunciador, com todas as crenças, convicções (inscritas, por exemplo, nas descendências asseverativas), dúvidas, ironias, hesitações, enfim, com todas as modalidades afetivas e cognitivas que definem a personalidade do sujeito. Essa espécie de *sinceridade* melódica não pode ser dissimulada por muito tempo, sob pena de esmorecer o próprio gesto composicional. Foi assim que as canções de sucesso continuaram exaltando os valores pouco ortodoxos do povo boêmio, expressando-se pelas três principais vias — temática, passional e enunciativa — examinadas acima e fazendo das décadas de 1940 e 1950 o período de sua grande difusão radiofônica por todo o Brasil.

— conduzido por Villa-Lobos — que abarcasse todo o território nacional numa espécie de culto à ordem e à soberania de um corpo comunitário uniforme (v. Wisnik, "Getúlio da Paixão Cearense", in. Squeff, E. & Wisnik, J. M., "Música — o nacional e o popular na cultura brasileira", São Paulo, Brasiliense, 1982).

A partir de 1955, disputando mercado com o bolero e o tango que aqui aportavam, os produtores e intérpretes passaram a encomendar aos compositores cada vez mais sambas-canções (versão brasileira dos gêneros hispano-americanos), para conquistar um imenso púbico que se formava em torno desse segmento passional. Se por um lado o projeto teve êxito, por outro gerou significativa perda de audiência entre os jovens, principalmente os estudantes. Quando não vem compensada pelos recursos da tematização e da enunciação oral, a dicção romântica corre o risco de adquirir excessos sentimentais que beiram o melodrama. Isso costuma afastar o público — em geral, mais abastado — que se envolve de forma mais objetiva e técnica com o mundo musical. Tal perspectiva, mais a notória influência do *cool jazz* absorvida por importantes nomes que começavam a ingressar, desde o início da década no cenário musical brasileiro (Dick Farney, Lúcio Alves, Johnny Alf, Tom Jobim), deram condições para a primeira tomada de posição estética ocorrida dentro da música popular brasileira. Por volta de 1950, em plena euforia do período JK, alguns violonistas, pianistas e cantores muito jovens, a maioria proveniente da classe média carioca e dos circuitos universitários, celebravam o nascimento da Bossa Nova. Foi o primeiro movimento com núcleo na música popular que se espraiou por vários setores da sociedade brasileira, do estético ao político, fundando um novo modo de ser.

Importa-nos aqui comentar as principais dicções que deram personalidade estética ao movimento: a de Tom Jobim e a de João Gilberto. Ao compor "Teresa da Praia" (1954) com o sambista Billy Blanco, Tom Jobim já anunciava a prática, que seria uma constante no período seguinte, de substituir a oratória passional pela linguagem coloquial. Ainda se atendo às generosas inflexões melódicas em voga, os autores não deixavam de reativar as entoações em sua expressão mais adequada ao diálogo natural e direto. Além disso, o compositor carioca enveredava pelas dissonâncias provenientes do jazz, coma função precípua de condensar efeitos emocionais, antes inscritos na vasta expansão dos contornos, no encadeamento harmônico de base das canções. O emprego dos novos acordes sugeria novas direções — portanto, novos sentidos — melódicas que jamais poderiam constar das sequências de tríadas perfeitas até então adotadas. Aos poucos, Jobim foi também eliminando do acompanhamento toda sorte de notas supérfluas que não contribuíssem diretamente para a caracterização da função harmônica.

A única maneira de apreciar essa nova canção, com os parâmetros da época, era por aproximação às soluções musicais norte-americanas que, no pós--guerra, tornaram-se modelo de qualidade em todas as culturas que as consumiam pelas rádios, pelos filmes de Hollywood ou pelos discos importados. Mas, com o tempo, ficou claro que o verdadeiro gesto de Jobim apontava para outra direção. Toda a influência do jazz foi utilizada na reabilitação das dicções, enunciativa e temática, que vinham sendo sistematicamente neutralizadas pelo sucesso popular de dimensão passional[4].

Essa intervenção na música brasileira fica ainda mais definida com a participação radical do violonista e intérprete baiano João Gilberto. Esse cancionista adota a nova inteligência harmônica que impregnava nossa música dos anos 1950, mas a incorpora em acordes compactos que, no violão, favorecem a condução percussiva. Com isso, reencontra a batida do samba sem precisar enfatizar seus tempos fortes que,

4 Como essas ocorrências são cíclicas, vez por outra revivemos situação semelhante, ainda que inserida em diferentes contextos histórico, mercadológico e estético. A hegemonia do samba-canção dos anos 1950 pode ser associada, guardadas as devidas proporções de consumo, ao boom da música sertaneja no início da década de 1990.

a essa altura, já eram considerados suficientemente assimilados pela cultura musical brasileira. Baseada mais nos contratempos rítmicos do que nos tradicionais bordões (notas mais graves do violão), que, acionados pelo polegar, reproduzem a marcação do surdo numa batucada, a batida de João Gilberto refaz algo próximo ao toque dos tamborins que jamais define o primeiro tempo do compasso[5]. Ao som do instrumento, o intérprete sobrepõe a voz, calibrada no volume da fala cotidiana, articulando unidades temáticas que flutuam sobre a batida de fundo dos acordes sem muita dependência rítmica. E quanto à letra, o cantor dispensa todo e qualquer excesso que possa resvalar no dramático e passa a escolher canções que falem do próprio gênero ("Samba da minha terra" — Dorival Caymmi, "Samba de uma nota só" — Tom Jobim e Newton Mendonça); que tratem de conteúdos leves, quase infantis ("Lobo bobo" — Carlos Lyra, "O pato" — Jaime Silva e Neuza Teixeira, "Bolinha de papel" — Geraldo Pereira); ou de amores que fluem ou tendem a fluir sem sofrimento passional ("Amor em paz" — Tom Jobim e Vinicius de Moraes, "Corcovado" — Tom Jobim).

5 V. trabalho de Walter Garcia, "Bim bom — a contradição sem conflitos de João Gilberto", Rio de Janeiro, Paz e Terra, 1999.

Nesse sentido, a Bossa Nova de Tom Jobim e João Gilberto aprumou a canção brasileira, expondo o que lhe era essencial. Essa triagem dos traços fundamentais deu origem ao que hoje podemos chamar de proto-canção, uma espécie de grau zero que serve para neutralizar possíveis excessos passionais, temáticos ou enunciativos. Isso não significa que os excessos não sejam bem-vindos ou que não garantam a saúde da linguagem cancional. São eles que transpõem os limites consagrados pelo uso e pelo senso comum. São eles que ultrapassam as barreiras dos gêneros e dos estilos, pondo em risco a própria existência da linguagem como campo específico de comunicação. Sem os excessos, a canção perderia sua força de experimentação, tanto estética quanto comercial.

Mas a Bossa Nova não os suporta, pois sua marca é justamente a decantação. Toda vez que um cancionista — roqueiro, pagodeiro, tecno, sertanejo, vanguardista etc. — sente necessidade de fazer um recuo estratégico para recuperar as linhas de força essenciais de sua produção, o principal horizonte que tem à disposição é a Bossa Nova.

Ela oferece elementos para decantar o gesto fundamental dos artistas dos sedimentos passionais, maneiristas, ou mesmo viciosos, que muitas vezes imobilizam o trabalho musical. Não se trata de compor como Tom Jobim ou de cantar como João Gilberto, mas, sim, de descobrir os fatores básicos e determinantes do próprio estilo. Quase todos os grandes artistas contemporâneos — como Caetano Veloso, Rita Lee, Cazuza, Gal Costa, Titãs, Gilberto Gil, Tim Maia etc. — já tiveram seu período bossa-nova. A série de gravações acústicas promovida pela MTV brasileira não deixa de ser uma proposta bossa-nova para revitalizar a carreira dos artistas.

O TROPICALISMO

Com o encerramento da era Juscelino e o crescimento dos conflitos políticos, acirrados pela evolução das forças de esquerda no país, a canção brasileira entrou nos anos 1960 manifestando progressiva tendência ao engajamento ideológico. Os herdeiros da Bossa Nova, aliados aos novos expoentes do teatro e do cinema da época, procuraram dar mais consequência a seus trabalhos a partir de um contato direto com o samba e com os sambistas de raiz. Sob a direção de Augusto Boal, Nara Leão apresentou em 1964, com Zé Keti e João do Vale, o show Opinião. Pouco depois, sob o comando de Elis Regina, o programa O Fino da Bossa, promovido pela televisão Record de São Paulo, tornou-se a residência *oficial* da música brasileira que, uma vez por ano, fazia dos célebres festivais da música popular brasileira o seu campo de batalha. Foi quando surgiu a expressão MMPB (Moderna Música Popular Brasileira), depois reduzida para MPB, cuja correspondência com siglas de partidos políticos não era de todo casual.

Especialmente imbuidos da dicção de Tom Jobim e João Gilberto, os compositores Caetano Veloso e Gilberto Gil começaram a depreender na música popular uma conduta excessivamente unidirecional, do ponto de vista estilístico e ideológico, que começava a restringir e, até certo ponto, estereotipar a criação brasileira. Para tratar de conteúdos nacionais, em que predominava a utopia de uma nova sociedade em um novo tempo[6], boa parte dos compositores havia apostado na recriação de uma música fundada em motivos folclóricos, em contextos rurais e em instrumental típico de certas regiões, atrelando a desejada revolução político-social a consciência da própria identidade e à autenticidade dos valores defendidos. Todos os autores da MPB participavam, com maior ou menor convicção, desse ideário cujas diretrizes, embora não explicitadas, eram acatadas como senha de um comportamento de esquerda.

6 V. artigo de Walnice N. Galvão, "MMPB: uma análise ideológica", escrito em 1968 e reunido mais tarde na coletânea "Saco de gatos", Melhoramentos/Edusp, 1976.

Tal conduta unidirecional, que se convertera em verdadeira bula para a produção de canções competitivas no âmbito dos festivais, não era em si um problema para a sonoridade brasileira. Afinal, surgiram compositores de grande fôlego criativo (Edu Lobo, Milton Nascimento, entre outros), bem como obras antológicas, calcados nesse espírito de época. O que incomodava os ouvidos dos futuros tropicalistas era a progressiva atitude de exclusão adotada pela MPB. Não havia lugar para o rock internacional, que vivia um apogeu admirável com os fenômenos Beatles, Rolling Stones, Janis Joplin e Jimi Hendrix, entre outros; e muito menos para a singela réplica nacional dessa música lançada pela despretensiosa Jovem Guarda. Também não havia espaço para a canção passional, considerada cafona (ou brega, como hoje se diz) e tão alienada quanto a da Jovem Guarda; para o samba coloquial (aquele que, em última instância, transmitia a fala popular do malandro); e, a essa altura, nem mesmo para a Bossa Nova, com suas letras dessemantizadas.

Se essa atitude exclusivista não pode ser atribuída indiscriminadamente a todos os representantes da MPB sediados à época na rede Record de São Paulo — Chico Buarque, por exemplo, jamais agiu nessa direção —, certamente ela caracterizou a intervenção da linha de frente do movimento como um todo, ocupada pela canção de protesto, e se instalou simbolicamente em pequenos gestos de artistas que mantinham incontestável liderança musical no meio. Foi o caso de Elis Regina que, ao chegar de sua primeira viagem artística à Europa e encontrar o incipiente mercado do disco brasileiro totalmente voltado para o sucesso estrondoso da Jovem Guarda, investiu contra a "baixa qualidade" da música e do programa de Roberto Carlos, como se seu lugar tivesse sido usurpado por algo pouco meritório[7]. Mas a manifestação de exclusivismo mais explícito e sintomático foi a de Geraldo Vandré.

Porta-voz mor da música destinada à conscientização das massas, Vandré, embalado pelo impacto da vitoriosa canção "Disparada", externou com todas as letras o projeto exclusivista da facção protesto da MPB. Caetano Veloso, em seu "Verdade Tropical", revela que o compositor tentou convencer Guilherme Araújo, empresário fortemente identificado com o movimento tropicalista, a concentrar suas energias na consagração de um nome artístico como o dele (Vandré), sintonizado com a música hispano-americana participante e talhado para o momento histórico que o Brasil atravessava, já que o mercado, segundo

7 Pouco depois, Elis reconciliou-se, ao vivo, com Roberto Carlos.

o compositor de "Caminhando", só digeria um expoente artístico de cada vez[8]. Com isso, em acréscimo à habitual exclusão de toda a *música alienada* (Jovem Guarda, baladas e rocks internacionais, sambas passionais e bossa nova), Vandré propunha a exclusão de qualquer outro movimento, ainda que fosse, como o Tropicalismo, oriundo do mesmo cerne da MPB.

Essa proposta formulada ao final do decênio de 1960 traz, para além das aspirações pessoais do artista, indicações precisas sobre o projeto de exclusão que estava em curso no setor engajado da música brasileira. Evidente que não se tratava de estratégia previamente equacionada por seus líderes, como se dá constantemente na área política ou publicitária, com o propósito deliberado de vencer a concorrência. Provavelmente bem intencionados, os representantes do segmento *protesto* acreditavam que a ocupação dos disputados espaços no mundo da canção por uma ala revolucionário (no sentido político do termo) seria algo de grande importância para o país. Mas, como sempre, nos meios escolhidos para se atingir o objetivo final de transformação, ficam consignadas as intenções inconscientemente mascaradas e que, com o tempo, vão se revelando até mesmo a seus próprios portadores.

8 Cf. Veloso, C. "Verdade Tropical". São Paulo, Companhia das Letras, 1997, págs. 280-2.

Um dos méritos dos tropicalistas foi o de intuir, no calor da hora, a existência do projeto de exclusão e o de aplicar incontinenti o antídoto adequado. Caetano e Gil apostam então todas as suas fichas na diversidade, no reconhecimento de todos os estilos que compuseram a sonoridade brasileira, sem qualquer restrição de ordem nacionalista, política ou estética. Mais do que isso, os compositores incorporam o mercado, e suas leis tipicamente capitalistas, como um aliado na luta por essa pluralidade musical. Entre as primeiras medidas tropicalistas de impacto estão, portanto, as visitas de seus líderes aos programas televisivos do Roberto Carlos e do Chacrinha.

Do ponto de vista musical, as composições também deixavam transparecer os sinais de fusão intensamente promovida. Os acordes dissonantes difundidos pela Bossa Nova, e tão presentes no nascedouro das carreiras de todos os herdeiros de João Gilberto, cederam lugar às tríades perfeitas pré-Bossa Nova, não por uma volta ao passado, mas porque caracterizavam o limitado universo musical da Jovem Guarda, bem como o do rock internacional. Canções como "Baby" ou "Objeto não-identificado", de Caetano Veloso, lançadas no auge do movimento, ilustram bem a nova adoção tropicalista. Nas letras, reinavam as justaposições quebrando a hierarquia sintática das frases ao lado de temas *improváveis* na tradição cancional brasileira: atitudes existenciais, modernidade científica e mercadológica e toda sorte de simbologia, o que, por um lado, impedia uma aproximação pura e simples entre Tropicalismo e Jovem Guarda.

A reinterpretação de canções consagradas do repertório brasileiro, por sua vez, passou a ter sabor de manifesto, de anexação de setores esquecidos, marginais ou estigmatizados para o centro do movimento tropicalista. Essa prática vem sendo sistematicamente reiterada sobretudo por Caetano Veloso, desde sua versão de "Coração materno" (Vicente Celestino) incluída no LP Tropicália, até o recente sucesso retumbante de "Sozinho" (Peninha), ambas recuperadas de área excluída pela elite cultural. E nesses mais de trinta anos que separam a primeira da segunda gravação, Caetano propôs versão para "Carolina" (Chico Buarque) — nesse caso, especificamente, criando-lhe arestas interpretativas que abalavam a perfeição consensual da gravação original — para "Charles, Anjo 45" (Jorge Benjor), para "Chuvas de verão" (Fernando Lobo), para "Asa Branca" (Luís Gonzaga e Humberto Teixeira), para "Tu me acostumbraste" (F. Dominguez), para "Na asa do vento" (L. Vieira e João do Vale), para "Vampiro" (Jorge Mautner), para "Amanhã" (Guilherme Arantes), para "Fera ferida" (Erasmo e Roberto Carlos), para a música dos Beatles, de Michael Jackson, de Bob Dylan e para numerosas outras composições, sempre nesse espírito de expansão do território tropicalista.

EXPANSÃO DOS GESTOS BOSSA NOVA E TROPICALISTA

A Bossa Nova foi um movimento musical que teve seu apogeu no final dos anos 1950 e início dos anos 1960, e foi perdendo o ímpeto estético com a partida de seus maiores expoentes (Tom Jobim e João Gilberto) para os EUA. O período heroico do Tropicalismo, por sua vez, transcorreu nos últimos anos da década de 1960 e foi-se desafazendo como intervenção social também com a partida — o exílio, nesse caso — para a Inglaterra de seus principais promotores (Caetano Veloso e Gilberto Gil), isso sem contar o *enterro* simbólico do movimento, praticado por seus próprios representantes ao cabo de mais ou menos dois anos de sua implantação.

Se o período explosivo de ambos os movimentos foi relativamente breve, parece perene o poder de influência de suas principais características sobre toda a produção brasileira posterior. De fato, o gesto de recolhimento e depuração da Bossa Nova e o gesto de expansão e assimilação do Tropicalismo tornaram-se seiva que realimenta a linguagem da canção popular toda vez que esta claudica por excesso ou por espírito de exclusão.

Há excesso quando a canção diz mas não convence, em geral por ignorar o princípio entoativo. O gênero se sobrepõe à particularidade da composição de tal modo que já nos acordes introdutórios ou na *levada* instrumental temos todos os elementos — de melodia e de letra — que deverão comparecer ao longo da canção, como se esta tivesse que obedecer a uma conduta preestabelecida. Na faixa passional, já mencionamos exemplos históricos significativos: boa parte dos samba-canções do decênio de 1950 e do canto sertanejo dos anos 1990. Na série temática, a hegemonia do rock na década de 1980 ou, mais recentemente, da música axé, trouxeram casos inequívocos de exacerbação estilística. O mesmo aconteceria com o rap — expressão radical da forma enunciativa de compor — se, porventura, se tornasse a bola da vez na mídia televisiva e radiofônica.

O repertório excessivo passa a não mais convencer porque as soluções melódicas surgem mais comprometidas com o gênero do que com a letra. São concebidas para *fazer sentimento* no caso passional ou para fazer dançar no caso temático, sem traduzir uma forma singular de dizer o conteúdo linguístico. Desse modo, as canções deixam de ser especiais e se contentam com uma audição em bloco. Não havendo nuances entoativas, a atenção se dispersa e se embala no que poderíamos chamar de efeito *muzak*. Só uma atitute bossa nova pode recuperar a raiz oral perdida nos meandros do gênero.

Por isso, a Bossa Nova está impregnada na atividade de cada compositor ou intérprete popular e se manifesta geralmente em seus momentos de revisão crítica do próprio trabalho; está em cada novo disco de João Gilberto, não por ser a figura maior da fase heroica do movimento, mas por ressemantizar, apenas com voz e violão, cada sílaba, cada palavra e cada entoação das composições que incorpora ao repertório; está em propostas arrojadas de reinterpretação que remanejam canções de uma determinada faixa de audição para outra mais refinada (Caetano Veloso interpretando "Asa Branca", "Sonhos" ou "Sozinho"; Maria Bethânia interpretando "É o amor", Jorge Benjor interpretando "Pois é" etc.); está, até mesmo, em grandes iniciativas empresariais como os já mencionados projetos acústicos e as reedições dos célebres festivais da música popular brasileira, que têm função precípua de estabelecer, vez por outra, uma triagem nas produções do mercado musical.

Há espírito de exclusão no mundo da música popular quando algumas modalidades cancionais — de ordem passional, temática ou enunciativa — são segregadas e, em certa medida, estigmatizadas pelas formas hegemônicas no mercado ou pelas formas de maior prestígio no âmbito da elite popular[9]. Esse processo de exclusão atinge igualmente os gêneros de sucesso, tradicionais ou da moda, e as chamadas produções alternativas. No caso delas, é fácil entender. O mercado chega a um tipo de música correspondente a um padrão de vendas e sonega espaço e oportunidades para o ingresso de outros modos de fazer música. Só quando o modelo se exaure surgem as formas substitutivas, que devem reproduzir mais uma vez o êxito já conquistado. Essa atividade bloqueia uma gama expressiva de conteúdos sociais e psíquicos que, a partir de certo ponto, começam a despontar aqui e ali, em pequenos eventos, como expressão de uma espécie de guerrilha musical. Nessa linha, vimos assistindo às intervenções experimentais dos músicos paulistas no início dos anos 1980; à emergência do rock nacional durante a mesma década; ao movimento Mangue Beat nos anos 1990; às explosões criativas de Carlinhos Brown e Arnaldo Antunes; e ao atual *an-*

9 A expressão paradoxal elite popular pode ser utilizada para definir a classe dos cancionistas que surgiu com a Bossa Nova. Caracteriza tanto músicos como ouvintes e críticos que exigem uma produção diferenciada dentro da música popular.

timovimento que reúne artistas do quilate de Lenine e Chico César, entre outros.

Mas há também a estigmatização dos gêneros de sucesso pelo fato de fazerem... sucesso. Tom Jobim já havia denunciado essa prática na fase derradeira de sua vida. Como a reprodução em série exige uma dose considerável de padronização, as canções preparadas para o consumo de massa chegam ao mercado com características bastante previsíveis, o que desagrada profundamente à elite popular. Ofuscados pelo brilho das cifras astronômicas, dos megaeventos e da cumplicidade do povo desprevenido, os representantes dessa elite não conseguem enxergar aspectos positivos nesses empreendimentos vultosos que tomam de assalto os principais meios de comunicação.

Temos um exemplo interessante nesta virada de século. Contrariando todas as expectativas, cultivadas na década de 1970, de que nos decênios seguintes a música norte-americana tomaria conta do mercado de discos no Brasil, alguns gêneros inequivocamente fundados em expressões musicais brasileiras, como o samba, a música caipira e os ritmos regionais de Carnaval, mas devidamente revestidos com recursos modernos de padronização, pode-se dizer que alijaram a música importada da mídia e atingiram números de venda jamais imaginados. Ficaram conhecidos respectivamente como pagode, música sertaneja e música axé. Embora desfrutem de extraordinária popularidade, esses ritmos são sistematicamente hostilizados pela elite popular que sequer reconhece sua origem nacional. Como não passam de maquiagem de verdadeira música popular, esses ritmos deveriam, segundo a crítica e os formadores de opinião, ser eliminados do mapa para que dessem lugar aos produtos de qualidade[10].

Ora, o gesto tropicalista não admite esse tipo de exclusão. Assim como parte da população precisa dos conteúdos veiculados pelas produções diferenciadas e de menor alcance em termos de consumo, outra parte, quantitativamente bem maior, necessita visceralmente dos *excessos* eufóricos ou românticos divulgados no grande mercado musical. E não se trata apenas de fabricação de gosto. Dos incontáveis empreendimentos associados a grupos e artistas, somente alguns vingam, por encontrar respaldo no anseio popular. Para o Tropicalismo, precisamos de todas as dicções — comerciais ou não comerciais — para que a linguagem funcione em sua plenitude. Caetano Veloso e Gilberto Gil, representantes incontestáveis da canção

10 Na realidade, as canções de intenso consumo não ocupam o lugar das chamadas músicas de qualidade; estão no lugar de outras músicas igualmente de consumo.

de qualidade, jamais deixaram de flertar com a música comercial e, vez por outra, promovem um rico intercâmbio entre as diferentes faixas de consumo[11].

Em resumo, Tropicalismo e Bossa Nova tornaram-se a régua e o compasso da canção brasileira. Por isso, são invocados toda vez que se pede uma avaliação do século cancional do país. É como se o Tropicalismo afirmasse: "precisamos de todos os modos de dizer"; e a Bossa Nova completasse: "e precisamos dizer convincentemente". Em época de exclusão, prevalece o gesto tropicalista no sentido de retomar a pluralidade. Em época de excesso de maneirismos estilísticos e de abandono do princípio entoativo, o gesto Bossa Nova refaz a triagem e decanta o canto pertinente.

Ambos os gestos atuam na própria mente dos compositores e cantores, impelindo-os, ao mesmo tempo, para a diversidade e para o apuro técnico e estético.

---

11 Ao interpretar a já citada "Sozinho" de Peninha, canção portadora de elementos estigmatizados pela elite popular — os chamados componentes bregas -, Caetano pôde experimentar em 1999 um sucesso popular inusitado em sua carreira e, ao mesmo tempo, atrair um público consumidor considerado de gosto menos refinado para o universo do CD Prenda minha (que contém a música), repleto de composições de altíssima qualidade.

Para o cancionista deste fim de século, os períodos áureos da Bossa Nova e do Tropicalismo têm evidentemente valor histórico, mas nem de longe se comparam à força de penetração dos seus gestos, ao longo das últimas décadas, em todos os setores artísticos e comerciais da música brasileira. Tudo ocorre como se o universo da canção pudesse dispor de um instrumento interno de ajuste e precisão que, de quando em quando, calibra suas criações e expande seus horizontes. Bossa Nova e Tropicalismo sobrevivem, e provavelmente sobreviverão, no decorrer do século XXI, como componentes inerentes ao próprio ofício da composição, arranjo e interpretação de música popular e como responsáveis pelo eterno trânsito do cancionista entre o gosto de depuração e o desejo de assimilação.

a aRTe De COMPOR canções

A canção urbana brasileira nascida com as tecnologias de gravação e radiodifusão do início do século XX possui uma história toda própria que normalmente se perde nas avaliações musicais, literárias ou antropoculturais. As declarações esparsas de seus principais agentes (compositores, cantores, produtores) oferecem algumas pistas preciosas que raramente são identificadas como tais pelos pesquisadores. Talvez a perspectiva prévia adotada pelas investigações impeça que o foco se ajuste nos pontos sensíveis de funcionamento da linguagem cancional.

Há um conhecido depoimento de Ismael Silva em que o sambista afirma que, embora fosse fundador e participante da primeira escola de samba (Deixa Falar) do Estácio, Rio de Janeiro, suas composições não chegaram a fazer parte do repertório exibido pela escola. A razão? Ismael já era "profissional" (Botezelli &

Pereira, 2000, p. 72). Queria dizer com isso que, antes da existência das escolas de samba, já compunha canções para gravar. O que havia de específico nessas canções profissionais, além do eventual aspecto financeiro?

O compositor, que nos anos 1930 contribuía diretamente para a "invenção do samba" (Vianna, 1995, p. 173), sabia também como prover o incipiente mercado do disco, àquela altura administrado em boa medida pelos próprios cantores. O principal contato de Ismael era ninguém menos que Francisco Alves, a quem entregou diversas canções, muitas vezes concedendo parceria autoral para garantir a gravação. Mas importa-nos aqui que o sambista dominava a técnica de compor para os numerosos ouvintes do Rei da Voz e que este provavelmente o orientava a respeito do tipo de canção que realmente servia para aumentar a sua popularidade.

Os compositores descrevem com frequência as circunstâncias que propiciaram a produção de suas obras, mas deixam sempre um hiato entre a disposição inicial de criação e a obra final. Por isso é comum que as biografias também nos soneguem essas informações e que, depois de centenas de páginas lidas, não saibamos sequer se o cancionista examinado era autor de melodias, de letras ou de canções completas nem se compunha a partir de algum instrumento harmônico. São lacunas que colaboram para sacralizar o fazer criativo, já que as canções brotam a partir de um sopro de vida que transforma sua ausência em existência, retirando-o do campo de alcance do saber humano, como se já não tivéssemos fenômenos realmente misteriosos suficientes para comprovar nossa ignorância cognitiva, ainda mais quando se trata de criação.

O VALOR PROSÓDICO

Reconhecemos que esse tema não é fácil, mas queremos ao menos chamar a atenção para a pertinência de alguns relatos de autores que trazem indicações sobre como manejam a linguagem cancional. São verdadeiras anedotas que, no entanto, revelam procedimentos essenciais desse processo criativo. É conhecido, por exemplo, um depoimento do próprio Ismael Silva no qual expõe as etapas da composição de seu samba "Nem é bom falar". Estava o autor num bar esperando alguém, quando lhe ocorreu, já com melodia e letra, o famoso trecho inicial: "Nem tudo que se diz se faz/ Eu digo e serei capaz..." (Soares, 1985, p. 69). Não conseguiu, porém, continuar a sua ideia nem mesmo completar o refrão. Até aqui, algumas perguntas já podem ser formuladas. Como nasceram, já conjugadas, essa melodia e essa letra? Por que justamente essa letra, se o autor confessa que não sabia como dar sequência ao assunto? De um ponto de vista gramatical, a expressão "serei capaz", nesse contexto, pede complemento (capaz de fazer alguma coisa). Se esse complemento não estava disponível na cabeça do sambista, por que empregar a tal expressão? Em resumo, por que era importante conservar o verso que veio com a melodia se esse mais dificultava do que favorecia a continuidade do trabalho?

As melodias que já nascem com seus versos denotam origem mais prosódica que musical. Mesmo que se acomodem em notas precisas, seus contornos perfazem itinerários típicos das entoações que acompanham nossos discursos diários. Por outro lado, essas frases não foram escolhidas pelo rendimento que teriam na construção geral do tema da letra, mas, sim, pela compatibilidade que mantêm com seus respectivos segmentos melódicos. Daí a razão pela qual Ismael nem cogita a sua substituição por outros versos que tenham a mesma métrica. Prefere esperar por um novo lampejo criativo que lhe indique as ações para as quais finalmente se mostre capaz... Dias depois, ocorre-lhe a solução, ainda que de maneira meio tortuosa: "De não resistir/ Nem é bom falar/ Se a orgia se acabar". Se pensarmos nesse conteúdo, ser "capaz de não resistir" é um modo enviesado de dizer "incapaz de resistir", afinal, ninguém precisa de capacidade para "não resistir". Mas isso não tem a menor importância na formação da letra cujo compromisso principal, já dissemos, é com a melodia e, nesse quesito, o samba estava perfeito. Portanto, no mundo da canção, o desafio é sempre localizar o que assegura a compatibilidade dos dois componentes.

Outro exemplo semelhante pode ser retirado de uma entrevista concedida por Chico Buarque ao músico e editor Almir Chediak (1999, p. 15). Segundo o compositor, Tom Jobim teria lhe mostrado ao piano a melodia da futura "Wave" para que se encarregasse da letra. Sem titubear, Chico iniciou o seu trabalho ali mesmo com o verso "Vou te contar". Não conseguindo continuar imediatamente, levou consigo a gravação pianística do maestro prometendo elaborar em pouco tempo uma letra completa para a com- posição. Ficou na promessa, pois estava "enrolado" com outros compromissos. O próprio Jobim deu conta do recado com a versão que tão bem conhecemos.

Essa historieta também deixa rastros pouco inocentes. Por que, mesmo sem ter ideia do teor geral da letra, Chico não tinha dúvida de que a primeira frase deveria ser "Vou te contar"? Por que Jobim adotou o mesmo verso como ponto de partida para o seu trabalho de letrista, se o seu imaginário seguiria necessariamente direção diversa da do amigo? Mais uma vez, é a força prosódica, base dessa união indissociável entre frase melódica e frase linguística, que dá respaldo a essa emissão conjunta de ambas, mesmo que o enunciado em si exija complementos gramaticais e semânticos por ora inexistentes. Em suas cobranças de continuidade, Jobim ainda teria dito ao parceiro: "Afinal, Chico, o que é que você vai me contar?" (Chediak, 1999, p. 15).

O caso de "Wave" é o mais comum nas canções em parceria. O compositor cria uma melodia para ser cantada, embora não tenha nenhuma ideia da letra que está por vir. Suas frases musicais, porém, armazenam entoações virtuais que, no decorrer do trabalho, serão identificadas pelo letrista. Cabe a este, portanto, manifestar o que havia de inflexão prosódica na melodia que, até então, parecia ser unicamente musical. Uma frase musical pode conter duas ou mais unidades entoativas, a depender do recorte sugerido pelo letrista (Tatit, 2016, pp. 76-81), mas a sua extensão pode também corresponder a uma única unidade, como, por exemplo, a frase melódica que deu origem à expressão "Vou te contar". De todo modo, um trecho como esse terá sempre uma dimensão musical, ou seja, a que permite sua execução exclusivamente instrumental, e uma dimensão figurativa, a que nos sugere uma associação imediata do contorno melódico com as palavras pronunciadas. Aliás, nas canções consagradas, esse elo torna-se inerente: não se cantarola a melodia sem que a letra venha à mente nem se reproduz a letra sem a presença, ainda que intrínseca, das modulações melódicas.

Por mais que o melodista se dedique à mu- sicalização da obra, não há como evitar sua oralização a partir do trabalho do letrista (que evidentemente pode ser a mesma pessoa). As quatro notas que dão início ao canto de "Wave" viram (para sempre) o contorno entoativo de "Vou te contar", além de servir também para conduzir outras frases linguísticas com valor prosódico parecido, como "O resto é mar". Ao assumir a função do letrista, Jobim incumbiu-se de manifestar as unidades entoativas que estavam implícitas em sua própria melodia. Quando isso acontece, ou seja, quando as frases musicais adquirem dimensão prosódica, está instaurada a linguagem da canção. Portanto, a composição de canções não propõe apenas a atuação paralela de uma linha musical e outra verbal, mas, sobretudo, uma terceira via estética na qual o que é dito (letra) nasce do modo de dizer (melodia) e vive dessa origem e desse vínculo.

É preciso esclarecer ainda que a melodia transformada em segmentos entoativos, após os recortes produzidos pela letra, não perde o seu caráter inusitado. Há sempre novas maneiras de se criar curvas prosódicas no interior de um universo cultural. Elas nunca são exatamente as mesmas, mas se inserem num quadro de plausibilidade que permite o seu reconhecimento comunitário. Em outras palavras, os ouvintes aceitam a curva entoativa quando a consideram possível de ser executada naquele contexto linguístico, com aquele perfil, denotando um determinado sentido (asseverativo, interrogativo, hesitante, reticente, dramático, etc.), mesmo que jamais a tenham ouvido tal e qual em circunstâncias semelhantes. Os compositores acabam sempre criando novas inflexões melódicas para expressar seus conteúdos, mas elas só serão bem acolhidas pelos ouvintes se forem persuasivas do ponto de vista prosódico. "Se o seu som não for convincente, o ouvinte irá perceber", diz David Byrne (2014, p. 198).

É nesse sentido que os letristas diferem significativamente dos poetas. O seu principal desafio é encontrar a expressão ou frase linguística que retire da melodia o seu valor prosódico. Só depois entra em pauta a coerência semântica da letra, às vezes com dependências sintáticas bem elaboradas, outras com justaposições flutuantes pouco definidas em termos narrativos. De todo modo, a relação da letra com a melodia produzindo oralizações plausíveis é sempre mais determinante que a lógica discursiva do componente linguístico. É o que faz a maioria dos compositores preferir trabalhar a partir de melodias prontas. A resposta categórica de Chico Buarque, letrista maior, à escritora argentina Vitória Weinschelbaum vem bem a propósito:

> "Nunca escrevo a letra antes da música. Muitas vezes surge a música e a letra vai se esboçando ao mesmo tempo; outras vezes a música vai ficando pronta, ainda não tem letra e a letra vem depois. Mas nunca escrevi uma letra sem música, nunca me aconteceu. Nunca, nunca, nunca" (Weinschelbaum, 2006, p. 229).

O valor prosódico é um segredo da canção que ainda não faz parte do discurso dos próprios cancionistas, provavelmente por decorrer da prática analítica e não do fazer criativo. Todos buscam esse valor em suas composições, mas o conceito não está disponível na hora das explicações, mesmo para os autores que gostam de refletir sobre o artesanato cancional. Isso não impede que haja maneiras oblíquas de se abordar esse tema e de revelar que não se produz letras com os mesmos recursos empregados na elaboração de poemas. Às vezes, de passagem, os compositores lançam alguma luz sobre o assunto, apenas observando constâncias da experiência pessoal. Nando Reis, por exemplo, deu o seguinte depoimento ao colega Leoni:

> "Na verdade eu não separo letra e música. Faço as duas coisas juntas. Escrevo bastante, gosto de fazer letra e nunca acho que tenha uma letra boa. Se você for pegar e ler uma letra ela não vai se sustentar, como uma poesia. Existe outra carga de significados que a letra adquire quando cantada" (Siqueira Júnior, 1995, p. 289).

Boa parte dessa carga de significados procede da figurativização, do fato de as frases melódicas virarem modos de dizer, além de conservarem seus traços musicais. Com a de- marcação das unidades entoativas

recortadas pela letra, entra em cena o sujeito da lo-
cução (o intérprete), aquele que materializa em seu
timbre vocal e em sua habilidade de emissão o principal personagem da obra. O "eu" que canta torna-se,
assim, o responsável pelo tema relatado na letra e
pelo envolvimento afetivo expresso na melodia. E esta
última, por sua vez, passa a ser a entoação "natural"
do intérprete, a mesma que ele poderia emitir numa
situação de fala qualquer, ainda que, no contexto cancional, a curva possa se expandir pelo campo de tessitura (mas sem perder o essencial do seu contorno
prosódico), a depender do grau de emoção assumido.
A voz, extensão do corpo do intérprete, é preservada
no itinerário das vogais que compõem a letra, man-
tendo o seu formato serpeante e indicando assim as
oscila- ções emotivas próprias do sujeito que a emite.

PRIMAZIA DA INTENSIDADE EMOCIONAL

Podemos deduzir de tudo isso a importância do
componente melódico no universo da canção, pois
que exerce o papel de pivô entre a musicalização, a
oralização e a caracterização do intérprete. Não é por
outra razão que as composições tendem a começar
pela melodia. É como se começassem pela sensibili-

dade "pura" e, na sequência, fossem progressivamente focalizando uma área de conteúdo até chegar a um tema específico, quase sempre sua última etapa. A melodia já traz a "intensidade" afetiva antes que haja um campo de sentido para ser intensificado.

Um raro relato pessoal sobre esse processo de composição pode ser encontrado no livro do cancionista escocês David Byrne. Diz o ex-Talking Heads:

"Então começo improvisando uma melodia em cima da música. Faço isso cantando sílabas sem sentido, mas com uma paixão estranhamente inadequada, já que não estou dizendo nada com nada. Assim que chego a uma melodia sem letras e um arranjo vocal que eu e meus colabora- dores aprovam (quando estou trabalhando com algum), começo a transcrever essas sílabas desconexas como se fossem palavras de verdade. Escuto com cuidado as vogais e consoantes aleatórias nas gravações e tento entender o que aquele cara (eu, no caso) está querendo dizer com tanta paixão, mas sem nenhum sentido. É como um exercício forense. Sigo o som das sílabas sem sentido com toda atenção. Se uma frase melódica sem sentido acaba com um forte 'ooh', tento transcrever isso, e, na hora de es- colher as palavras de verdade, tento encontrar algo que acabe com essa sílaba, ou em algo o mais próximo disso que consiga pensar. Dessa forma, o processo de transcrição muitas vezes termina com uma página cheia de palavras de verdade, mas ainda bem aleatórias, que soam de forma parecida com as sílabas sem sentido do início" (Byrne, 2014, pp. 197-8).

Trata-se aqui de um depoimento bastante minucioso sobre as etapas de criação normalmente omitidas pelos artistas. Desde que surgem os primeiros contornos melódicos na prática do compositor, já há sinais da oralização, na medida em que essas inflexões são expressas com "sílabas sem sentido". Como tais sílabas são necessariamente formadas com vogais que nos permitem captar a curva melódica primordial, não podemos dizer que o sentido – ou, se preferirmos, a direção – esteja ausente. Mas quando o músico se refere a "sílabas sem sentido" está pensando em fragmentos de palavras que, como tais, não atingem a condição de signo linguístico, com seu significado consensual no seio da comunidade. Para essa condição, Byrne reserva a expressão "palavras de verdade", aquelas que nos ajudam a falar sobre o mundo, seus seres animados e seus objetos.

Mesmo enquanto ainda opera com vogais ou consoantes aleatórias preenchendo suas melodias, o autor já identifica a presença da intensidade ("tanta paixão"), só não sabe a que significado (ou aspecto da "vida real") se refere. Essa busca estende-se às etapas seguintes, quando as sílabas são reunidas em palavras que, na combinação geral, ainda não fazem sentido. Segmentam a sonoridade melódica, mas sem estabelecer uma coerência interna. É a sonoridade que continua a prevalecer sobre o conteúdo em formação. As sílabas empregadas em vocalises, as vogais tonificadas, as terminações de frase e as interjeições sugerem assonâncias, rimas e aliterações que servirão de matrizes para as palavras definitivas. Isso porque, para Byrne, mesmo as "palavras de verdade" ainda não são definitivas nem deixam de ser aleatórias num primeiro momento, visto que exercem funções semelhantes às das sílabas na fase inicial da composição: apenas oferecem as medidas e os pontos de acentuação que servirão de referência para a criação da letra final.

Em outros tempos, antes do gravador portátil, esses textos formados de palavras desconexas, mas com precisão rítmica em relação à melodia, serviam de guia para a criação da letra. Eram conhecidos como "monstros" pela desarticulação sintática e inconsistência semântica. Se as novas tecnologias fizeram desaparecer o termo e a prática rudimentar de outrora, a forma de composição predominante ainda se baseia na progressiva extração de uma letra que se encontra impregnada no modo de dizer – ou nas entoações – inerente(s) à melodia:

> "Claro, esse material não tem qualquer narrativa, e talvez ainda não faça nenhum sentido literal, mas a mensagem está lá – posso ouvi-la. Senti-la. Meu trabalho nesse estágio é encontrar palavras que se encaixem e se adequem às qualidades sonoras e emocionais da música, em vez de ignorá-las e talvez até destruí-las" (Byrne, 2014, p. 198).

Assumir a precedência da melodia em relação à letra é reconhecer que o conteúdo ou a temática de uma canção decorre da intensidade emocional e não o contrário. Por isso, para o letrista, é muito mais importante criar níveis de compatibilidade com a melodia do que desenvolver um raciocínio coerente, uma narrativa ou mesmo certa autonomia poético-literária no seu texto. Alguns compositores brasileiros, como Djavan e Luiz Melodia, são muitas vezes criticados pela vagueza ou até obscuridade dos seus versos em canções com enorme sucesso de público. Tais críticas, porém, incidem invariavelmente sobre letras separadas de suas respectivas melodias, o que revela a superficialidade da avaliação e a falta de sintonia com os critérios realmente cancionais. Justificando o uso de imagens, digamos, avulsas em suas canções, diz Luiz Melodia: "Eu gosto desses flashes que aparecem nas minhas letras, umas arrancadas, umas sacadas bacanas" (Palumbo, 2002, p. 102). No fundo, são aspectos da intensidade emocional normalmente atribuídos à melodia, como a alta velocidade, que o compositor, nesse caso, transfere para a letra. Os "flashes" e as "arrancadas" possuem os traços de subitaneidade, rapidez e imprevisão que, provavelmente, suas melodias pediam. É David Byrne, mais uma vez, quem resume toda a questão:

"Se ela [a letra] parece funcionar em nossa mente, se a língua do cantor e os neurônios-espelho do ouvinte ressoam com aquela deliciosa sensação de encaixe quando essas palavras são entoadas, isso inevitavelmente se sobrepõe ao sentido literal das palavras, por mais que seu sentido literal possa ser interessante" (Byrne, 2014, p. 198).

Em resumo, o primeiro nível de compatibilidade entre melodia e letra, como vimos, depende da destreza do letrista em depreender os valores prosódicos impregnados na melodia, sobretudo quando o autor já a compõe pensando numa execução vocal. Conjugada à letra, a melodia passa a ser também um conjunto de unidades entoativas, semelhante ao que acompanha nossa fala cotidiana, reconhecível pelos falantes da língua e mesmo por indivíduos de outros idiomas, mas afinado com a cultura na qual a canção foi produzida. Se essas modulações prosódicas (ou entoativas) forem avivadas pelo cancionista, podemos dizer que a obra caminha para a oralização, ou seja, as unidades entoativas valem mais e, no extremo, chegamos à quase neutralização de parte dos elementos musicais (harmonia e longas durações melódicas, por exemplo) para que a ênfase fique na mensagem do componente linguístico (daí o exemplo do rap). Se, ao contrário, houver pouco interesse pelas figuras prosódicas, o que persiste é a musicalização da obra, ou seja, as unidades entoativas continuam existindo, mas valem menos e o compositor faz prevalecer os recursos harmônicos e rítmicos, ao mesmo tempo em que atenua a relevância da letra, suavizando o teor dos seus versos, evitando dramatizações e aproveitando sobretudo suas conexões fônicas, como as rimas e as aliterações.

Operando num segundo nível de compatibilidade, os cancionistas criam vínculos entre as melodias que se concentram em motivos (ou partes) recorrentes e as letras que descrevem, ou celebram, encontros e conjunções dos personagens entre si ou com seus objetos de desejo. Geralmente aceleradas, essas canções rebaixam o valor das notas avulsas em nome dos grupos de tons que formam motivos e identidade entre si. A mesma identidade pode ser verificada no conteúdo das letras ou, mais precisamente, nos estados narrativos dos seus atores, a começar do intérprete (aquele que diz "eu"), que normalmente configuram "estados de graça" por já terem conquistado seus objetos e por poderem enaltecê-los à vontade. As canções baseadas em refrão ilustram bem esse gênero de integração entre melodia e letra. Costumamos dizer que seus dois componentes são regidos pela tematização.

Há compatibilidade ainda quando os cancionistas associam melodias que se expandem no campo de tessitura, criando percursos sonoros e não mais núcleos motívicos, com letras que assinalam desencontros e distâncias entre personagens, o que muitas vezes se traduz em narrativas de busca, no passado (saudade) ou no futuro (esperança), do objeto de desejo. Ao contrário do caso anterior, as canções aqui tendem a ser desaceleradas e a valorizar a emissão das notas individuais, sobretudo suas durações, os saltos intervalares e a transposição de registro. A falta de identidades no âmbito da melodia, já que são poucas as reiterações, res- soa na letra como isolamento do "eu lírico" ou dos atores que participam da trama. Em vez de comemorarem o enlace, as palavras lamentam a separação, de tal maneira que a vasta oscilação melódica, signo da distância entre sujeito e objeto, não deixa de reproduzir também o som do queixume vindo diretamente da voz do intérprete. Essas são as canções passionais, que aparecem em diversos formatos como música romântica, sertaneja, brega, samba-canção, bolero, guarânia, fado, etc.

Claro que a uniformidade dos sons fonéticos tem igualmente bastante relevância na escolha das palavras que vão compor uma letra e contribui, às vezes de modo decisivo, para o efeito de integração dos dois principais componentes da canção. De fato, assonâncias e aliterações de toda espécie auxiliam na criação e audição dessas obras, pois as semelhanças sonoras entre palavras sugerem que essas devam ser cotejadas em seus significados e apreciadas no novo contexto por similitude ou contraste. Entretanto, na semiótica da canção, quando se fala de compatibilidade entre melodia e letra, o mais importante é identificar os elos narrativos e tensivos que ligam a linha melódica ao conteúdo da letra, ou, em outras palavras, examinar as formas já comentadas de oralização (ou figurativização), tematização e passionalização. A relação entre a melodia e a sonoridade fônica das palavras reforça a combinação dos dois componentes, mas nem sempre é um recurso especialmente explorado e quase nunca é suficiente para sustentar o que chamamos aqui de compatibilidade.

Por fim, a pergunta que não poderia faltar: e no caso das composições que partem da letra ou até de poemas publicados em livros?

Essa cronologia da criação não chega a afetar o resultado da obra. Se a letra está pronta, o trabalho do melodista começa pela busca da entoação embrionária de suas frases. Uma vez identificadas as modulações prosódicas plausíveis, resta ao compositor estabelecê-las com maior ou menor fidelidade aos contornos da fala: é comum que aproveite o desenho da curva, mas expandindo seus pontos extremos no campo de tessitura. Esse é o processo de musicalização que poderá ser acentuado a depender do estilo do melodista. O bom senso esperado é o mesmo. Musicalizar "demais" pode significar a perda das referências figurativas responsáveis em boa medida pelo poder de persuasão da canção. Confiar apenas na oralização implícita nos versos da letra, em suas entoações "naturais", pode deixar a obra num plano melódico vago e instável, próximo à declamação, a menos que haja contundência especial na natureza dos versos ou na proposta verbal, como no caso do rap. A partir da letra, temos também indicações sobre o enaltecimento da conjunção do sujeito (intérprete ou personagem) com outro sujeito ou seu objeto de desejo, bem como, ao contrário, sobre o estado de insatisfação em que vive esse mesmo sujeito em virtude da ausência de seu bem-querer ou de seus principais valores. São indícios suficientes para sugerir, no primeiro caso, melodias de andamento acelerado com motivos recorrentes e, no segundo, melodias lentas que se expandem no campo de tessitura. Chega-se assim, por outro caminho, à tematização, à passionalização e a tudo que já dissemos antes.

BIBLIOGRAFIA

BOTEZELLI, J. C. Pelão; PEREIRA, Arley. *A Música Brasileira deste Século por Seus Autores e Intérpretes*. São Paulo, Sesc, 2000.

BYRNE, David. *Como Funciona a Música*. Barueri, Amarilys, 2014.

CHEDIAK, Almir (org.). *Songbook – Chico Buarque, vol. 4*. Rio de Janeiro, Lumiar, 1999. PALUMBO, Patrícia. Vozes do Brasil, vol. 1. São Paulo, DBA Artes Gráficas, 2002.

. *Vozes do Brasil*, vol. 2. São Paulo, DBA Artes Gráficas, 2007.

SIQUEIRA JÚNIOR, Carlos Leoni Rodrigues. Letra, *Música e Outras Conversas*. Rio de Janeiro, Gryphus, 1995.

SOARES, Maria Thereza Mello. *São Ismael do Estácio: O Sambista que Foi Rei*. Rio de Janeiro, Funarte,1985.

TATIT, Luiz. *Estimar Canções: Estimativas Íntimas na Formação do Sentido*. Cotia, Ateliê, 2016.

VIANNA, Hermano. *O Mistério do Samba*. Rio de Janeiro, Jorge Zahar/Editora UFRJ, 1995.

WEINSCHELBAUM, Violeta. *Estação Brasil – Conversas com Músicos Brasileiros*. São Paulo, Editora 34, 2006.

www.ingramcontent.com/pod-product-compliance
Lightning Source LLC
LaVergne TN
LVHW051107180726
843512LV00020B/1640